3つのステップで
すぐできる！

草花あそび・
しぜんあそび
3

どんぐりゃ
まつぼっくりで
あそぼう

監修●露木和男　写真●キッチンミノル

ポプラ社

は じ め に

　60年いじょう前、わたしが みなさんのように 小さかった ころ、虫を とったり、川に 魚を とりに いったり、野山で なかまたちと ぼうけんごっこを したり した ことを、よく おぼえて います。

　まわりには、しぜんが たくさん ありました。楽しかったなぁ。

　今、思い出しても なつかしくて しかたが ありません。

　それは、しぜんの 中で、心が いつも ときめいて いたからです。ワクワク して いたからです。ふしぎな せかい、おどろくような せかいに、自分が 入って いくような 気が して いました。

　この 本には、しぜんで あそぶ 楽しい ほうほうを たくさん しょうかいして います。この 本を さんこうに して、じっさいに みなさんも しぜんに ふれあい、しぜんの あそびを する ことが できるのです。

　そう、わたしの 小さい ころのように、みなさんも 楽しい あそびが できるのです。

さがして みる こと、はっけん する こと、よく 見る こと、作る こと、
ためす こと、そして、あそぶ こと。
　それは、みなさんの 中に ある 「いのち」 が かがやく ことなのです。
「うれしい じぶん」 に 出会う ことなのです。

元早稲田大学教育・総合科学学術院教授　露木和男

先生・保護者の方へ

　私は、子どもたちと接するうえで、子どもの感性を守りたい、と切に願っています。
　自然と切り離された子どもは、感性が摩耗していきます。自然が子どもを育てるという考え方は、私たち大人が思っている以上に大きな意味があるのです。
　レイチェル・カーソンの著作としても知られる「センス・オブ・ワンダー」という言葉があります。「神秘さや不思議さに目を見張る感性」というような意味をもつこの言葉は、これからの日本でくらす子どもの教育にとって、極めて重要な意味をもってくるような気がしています。子どもは、細やかな日本の自然のよさに気づくことで、しなやかに成長していきます。
　そうはいっても、身近には限られた自然しかない地域も少なくありません。その中で、子どもと自然をどう触れ合わせるのか、大人の側の悩みもあります。
　このような現状を考え、子どもが進んで自然に親しむ場をつくってみたい、という願いからこのシリーズは生まれました。昔から伝えられた遊びもあります。オリジナルの遊びもたくさんあります。これは面白いと思っていただける遊びをたくさん紹介しています。
　まずは子どもと遊んでみてください。そして、自然の素晴らしさ、ありがたさ、さらには子どもたちにそれを「伝える」ことの喜びを感じていただけたらうれしく思います。

元早稲田大学教育・総合科学学術院教授　露木和男

3つのステップで
すぐできる！
草花あそび・
しぜんあそび
3

どんぐりや まつぼっくりで あそぼう

もくじ

どんぐりや まつぼっくりを さがしに 行こう!

どんぐりや まつぼっくりは、
どんな ところで 見つかるかな?
秋や 冬、こんな ところに おちて いるよ。

公園や グラウンド

公園や 学校の グラウンドには、いろいろな
木が うえられて いるよ。足元を よく 見ると、
どんぐりや まつぼっくりが ありそうだよ。

どんぐりや まつぼっくりは、
木の 近くの じめんに ころがって います。
かれはの 中に まぎれて いるかも
しれません。足元を よく 見て みましょう。

林

木が たくさん はえて いる 林では、
どんぐりや まつぼっくりが
よく 見つかるよ。海の 近くの 林には、
マツの 木が ある ことが 多いよ。
じめんを よく 見ましょう。1つ 見つけたら
近くに たくさん あるかも しれません。

じゅんび

うごきやすい ふくそうで 出かけましょう。
ひろった どんぐりや まつぼっくりなどを
入れる ふくろを
わすれずに。
出かける ときは、
大人と いっしょに
行くか、家の 人に
言ってから
出かけます。

道ばた

道の わきには、木が うえられて いる ことが 多いよ。
いつも 歩いて いる 道も、よく 見て みよう。

海の 近くの 道には、マツの 木が
多く うえられて います。

ウバメガシや マテバシイ（→ 20 ページ）など、どんぐりの
なる 木が、道に そって よく うえられて います。

！ 気をつけよう

！あぶない 場所には 子どもだけで 行かない

川や 池、高い ところ などは、大人と
いっしょに 行きましょう。

！家の 人に 言って 出かける

だれと、どこに 行くか、何時に 帰るか、
かならず 家の 人に つたえてから 出かけましょう。

！ほかの 家の にわや はたけなどに 入らない

かってに 入って 草花や 実などを
とっては いけません。とって いいか、
その 家の 人に まず 聞いて みましょう。

！きけんな 生きものに ちゅうい しよう

ハチや 毛虫、ヘビなどは、どくを
もつ ものが います。さわったり
近づいたり しては いけません。

！どんぐりや まつぼっくりを はたけや 田んぼ、にわに すてない

すてた どんぐりや まつぼっくりが
そこで そだって しまう ことが あります。
ひろいすぎて すてる ときは、もと あった
場所に かえしましょう。

どんぐりボウリング

かかる時間 **10**分 くらい

どんぐりを ならべて、ボウリングのように あそびましょう。ピンに する 10この
どんぐりは、コナラや マテバシイ（→20ページ）などの 細長い しゅるいが おすすめです。

ステップ 1

10この どんぐりに 1、2、3の 数字を かく。

1を 4こ、2を 3こ、3を 3こ かくよ。

数字の かわりに 線を かいても いいですね。

ステップ 2

❶の どんぐりを、ボウリングの ピンの ように ならべる。

ならべる じゅんばんは、じゆうだよ。

ステップ 3

ボール用の どんぐりを 少し はなれた ところに おく。

ボール用の どんぐりは、よこむきに おくと よく ころがるよ。

よーく ねらって

どんぐりの こま

かかる時間 **20分** くらい

どんぐりは、こまを 作るのに ぴったりな 形を して います。
とくに やわらかくて あなが あけやすい、クヌギ（→20ページ）が おすすめです。
よく 回る こまに するための コツが ありますよ。

クルクル
よく 回るね！

もっと 楽しく♪　よく 回る こまを 作る コツ！

●右と 左が
同じ 形の
どんぐりを
えらぼう。

ならべて おいて
くらべよう。

●あなを まんなかに
まっすぐ あけよう。

あなを
あける 前に
しるしを
つけても
いいね。

10

つまんで ひねると

ようい するもの

　どんぐり
　あぶらねんど
　めうち
　ようじ
　はさみ

ステップ **1**

あぶらねんどの 上に
どんぐりを おいて、
めうちで まんなかに
あなを あける。

たいらな ほうに
あなを あけるよ。

しっかり
おさえて！

けがに
気を つけて
つかおう！

どんぐりが かたい ときは……

あなを あける ところを
紙やすり（→ 13 ページ）で
けずると、あなを あけやすく
なります。
それでも
かたい ときは、
2日くらい
水に つけてから
つかいましょう。

ステップ **2**

ようじを さす。

まわ
回して
あそぼう！

ステップ **3**

ようじを おる。

はさみで きずを
つけてから、手で
ポキンと おるよ。

ポキン

11

どんぐりや まつぼっくりの ほぞんの しかた

ひろった どんぐりや まつぼっくりには、土や 虫が ついて いる ことも あります。しばらく のこして おきたい ときには、こんな ふうに して おくと いいですよ。

 どんぐり　どんぐりを きれいに あらって、紙の 入れものに 入れましょう。

1 水で あらうか きれいに ふく

2 水気を とって 紙の はこや ふくろに 入れて おく

紙のはこ　　紙のふくろ

びん　　ジッパーつきのふくろ

! 気を つけて

どんぐりが 中まで かわくまでは、何か月も かかります。
びんや ポリぶくろに しまうと、カビが はえて しまいます。

虫が 気に なる ときには……

どんぐりの 中には、虫が いる ことも あります。次のように すると、虫が 出てこなく なります。やりかた❶は、かならず 大人に やって もらいましょう。

やりかた❶
なべに 水と どんぐりを 入れて ふっとう してから 5〜10分 にる。

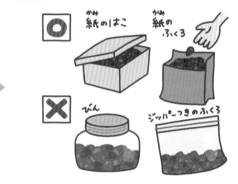

やりかた❷
れいとうこに 丸1日 入れて おく。

 まつぼっくり　まつぼっくりの りんぺん（→ 19 ページ）の あいだには、ごみが よく 入って いるので しっかり あらいましょう。

1 はブラシなどで よごれを とる

2 水の 中で ふって あらう

3 しんぶん紙や キッチンペーパーなどに ならべて かわかす

どうぐの つかいかた

この 本で つかう どうぐの
つかいかたを、いちぶ しょうかいします。
けがを しないように、ちゅういして
正しく つかいましょう。

紙やすり

ものを けずる どうぐです。

つかいかた

けずる ところを つけて
上下や 左右に うごかす

！ 気を つけて

ゆびを きずつけないよう、
どんぐりの 上の ほうを
もちましょう。

めうち

小さな あなを あける どうぐです。

つかいかた

まっすぐに さして
ゆっくり 力を
入れる

まっすぐに

下に あぶら
ねんどをしく

！ 気を つけて

・人に むけては
　いけません。
・先が すべらない
　ように、
　ゆっくりと さします。

せっちゃくざい

ものと ものとを くっつける ときに つかいます。

つかいかた

くっつけたい ところに
多めに つけて、よく
かわかす

たっぷり
つける

！ 気を つけて

・かわくまで
　うごかさないように します。
・手に ついたら
　よく あらいましょう。
・しゅんかん せっちゃくざいは
　あぶないので つかわない
　ように しましょう。

すぐに くっつく グルーガン

ねつで とかした 「グルー」 という
せっちゃくざいで、ものを
くっつける どうぐです。
すぐに かわいて べんりです。

※先の 金ぞくの ぶぶんは、
　グルーが あつくなって あぶないので、
　つかう ときは 気を つけましょう。

やりどんなげ

どんぐりを やりの 先に 見立てて あそびましょう。
いろいろな どんぐりで 作ると 楽しいですよ。

上に むけて
なげると
よく とぶよ!

\ いくぞ! /

もっと 楽しく♪

まとを ねらって
なげよう

まとは、じめんに 丸を
かいたり、えだで 作ったり
して みよう。

まと

それっ!

人に
むけて
なげない

14

ステップ 1

ストローの 先に 切りこみを 入れる。

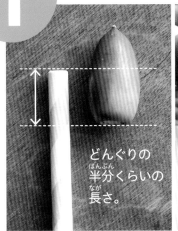

どんぐりの
半分くらいの
長さ。

同じくらいの はばに
なるように 切りこみを
入れよう。

よういするもの

- どんぐり
- ストロー
- はさみ
- セロハンテープ
- エノコログサや
  カヤツリグサなどの
  細い はっぱ

ステップ 2

切りこみを 大きく ひらいて
どんぐりを 入れ、
セロハンテープで はりつける。

とれないように
しっかり
はろうね

ステップ 3

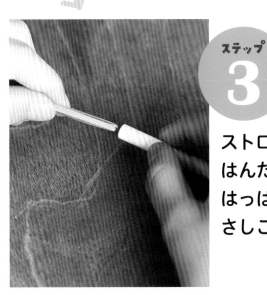

ストローの
はんたいがわに
はっぱを
さしこむ。

\ できた！ /

15

どんぐりツリー

いろいろな しゅるいの どんぐりを あつめたら、
ならべて かざりましょう。
どんぐりに 顔を かいて、木の えだに のせれば
楽しく かざれますね。

ぼうしが
すてき!

いろいろな 形の
どんぐりが
あるんだね

16

いろいろな どんぐり
あぶらねんど
プラスチックの
入れもの (せの ひくい
おそうざいの パックなど)
えだ
ふとうめいペンや
ゆせいペン
セロハンテープ

ステップ 1 土台を 作る。

入れものに あぶらねんどを 入れて、えだを さすよ。

いっぱい つめよう

どんぐりを のせる
えだが よこに
なるように さすよ。

ステップ 2 どんぐりに 顔を かく。

\ できた! /

白目を かくと
よく 目立つよ

ステップ 3

えだに セロハンテープで
どんぐりを はる。

せっちゃくざいで
つけても いいよ。

17

どんぐりの ふね

よういするもの

- どんぐり
- 紙やすり（→13ページ）
- ドライバー
- せんめんきなど
  水を 入れる もの
- 水

かたい どんぐりの 中には、やわらかい たねが 入って います。
これを かきだすと、ふねのような 形に なります。

ステップ 1

どんぐりの かたがわを 紙やすりで けずる。

はんぶんくらいに なるまで こすって けずるよ。

\ ういた！ /

ステップ 2

ドライバーで 白い ぶぶんを かきだす。

しっかり おさえて！

きれいに かきだそう！

けがに 気を つけて つかおう！

ステップ 3

せんめんきに 水を 入れて、そーっと おくと……

もっと 楽しく♪

どんぐりの 人形を 作って のせて みよう！
16 〜 17 ページを さんこうに してね。

どんぐりに 顔を かいたよ！

どんぐりと まつぼっくりの つくり

どんぐりと
まつぼっくりは
どんな つくりを して
いるでしょうか。
よく 見て みましょう。

ひろった
どんぐりや
まつぼっくりでも
かくにんして
みよう!

どんぐり

ブナや、ブナの なかまの 木に つく 実です。

けんか

かたい 実の ぶぶん。
しゅるいによって、
色や 形が ちがいます。

たね

けんかの 中に あり、
めを 出すための
えいようを
たくわえて います。

マテバシイ

えだ

かくと

えだと つながって いて、
けんかを まもって いる
ぼうしのような
ぶぶんです。

クヌギ

しゅるいによって かくとの
形や もようが ちがいます。
上のように 細かく さけた
かくとも あります。

まつぼっくり

マツの 木に つく 実です。「まつかさ」とも いいます。

りんぺん

かたい うろこのような もの。
じゅくすと かわいて ひらきますが、
雨の 日は、りんぺんが とじて、
すきまに ある たねが
ぬれないように なって います。

りんぺんが
とじて いる とき。

アカマツ

たね

りんぺんの すきまに
はさまって います。
たねには 「よく」が
ついて います。

よく

羽のように、風に のって
クルクル 回りながら
たねを 遠くまで とばします。

どんぐりの ずかん

🔍 こんな ところを さがして みよう

どんぐりには、いろいろな しゅるいが あります。
多くの どんぐりは、秋から 冬に かけて 実が おちます。
どんぐりの しゃしんは、本ものと 同じ 大きさで
のせて います。

コナラ

細長い どんぐりで、かくと
（→ 19 ページ）には うろこの
ような もようが あります。

🔍 公園、道ばた

ミズナラ

こい 茶色を して いる けんか
（→ 19 ページ）に、ギザギザ
もようの かくとが ついて います。

🔍 さむい ところの 森、公園

こんな
はっぱの
木だよ

ウバメガシ

かくとには、うろこのような
もようが ついて います。

🔍 公園、道ばた

カシワ

トゲトゲ した かくとが
ついて います。

🔍 林、公園

\ 木の 上では こんな かんじ /

クヌギ

丸くて 大きな どんぐりです。
モジャモジャ した かくとが
ついて います。

🔍 林、公園

シラカシ

しまもようの かくとを
スッポリ かぶって います。

🔍 公園、道ばた

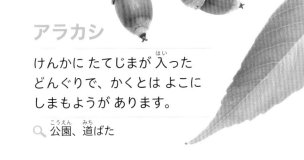

アラカシ

けんかに たてじまが 入った
どんぐりで、かくとは よこに
しまもようが あります。

🔍 公園、道ばた

マテバシイ

けんかが とても かたく、
けんかや えだと いっしょに
おちて くる ことが 多いです。

🔍 公園、道ばた

スダジイ

かくとが けんか全体を
つつんで います。じゅくすと、
かくとが バナナのように
ひらきます。

🔍 公園、道ばた

ブナ

かくとの 中には、先が
とがった 三角形の けんかが
2つ 入って います。

🔍 さむい ところの 森、公園

ツブラジイ

丸くて 黒い、小さな けんかが
ついて います。
「つぶら」は、丸くて かわいら
しい ようすを いいます。

🔍 公園、寺や じんじゃ

木の 上では こんな かんじ

まつぼっくりの ずかん

🔍 こんな ところを さがして みよう

まつぼっくりにも いろいろな しゅるいが あります。
どの まつぼっくりも、秋から 冬に かけて 実が おちます。
まつぼっくりの しゃしんは、本ものと 同じ
大きさで のせて います。

クロマツ

かたい りんぺん
（→ 19 ページ）が
ついて います。

🔍 公園、海べ

アカマツ

クロマツと 形が にて いますが、
ひとまわり 小さいです。

🔍 公園、海べ

カラマツ

丸みの ある りんぺんが
上むきに ついて います。

🔍 林、大きな 公園

\ 木の 上では こんな かんじ /

ヒマラヤスギ

大きな まつぼっくりです。
じゅくすと りんぺんが バラバラと
おちて いき、さいごに 上の
バラのような 形の ぶぶんだけが
かたまりのまま おちます。

🔍 林、公園、校庭

\ 木の 上では こんな かんじ /

あそびかたは
28ページ

ツガ

小さくて 丸い
形の ものが 多いです。

🔍 林、公園

上の ぶぶんが
おちると……

ストローブマツ

大きな まつぼっくりで、
白い まつやにが
ついて いる ことが
多いです。

🔍 さむい ところの 森、公園

まつやに

マツの 木の みきから
出る ネバネバ した しる。

ドイツトウヒ

たくさんの りんぺんが
上むきに ぎっしり
ついて います。

🔍 さむい ところの 森、公園

まつぼっくりの なかま

マツの 木いがいでも、まつぼっくりに にた
実を つける 木が あります。

メタセコイア

形は 丸く、りんぺんが
よこに 長いです。

🔍 公園、校庭

ヒノキ

ボールのように 丸い
形を して います。
じゅくすと われます。

🔍 林、道ばた

スギ

りんぺんが ギザギザ
して います。

🔍 林、公園

まつぼっくり キャッチ

手作りカップを つかって、まつぼっくりで キャッチボールを しましょう。

カップに まつぼっくりを 入れて なげあうよ

ナイス キャッチ！

24

まつぼっくり
色画用紙（ノート
くらいの 大きさ）
セロハンテープ
ビニールひも
はさみ
じょうぎ

ステップ 1

色画用紙を 丸めて
セロハンテープで とめる。

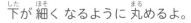

下が 細く なるように 丸めるよ。

セロハンテープで とめるよ。

これで カップの
かんせい！

口は 広く しよう

とんがりぼうしを さかさまに
したように、上が 広く、
下が 細く なるように 丸めます。

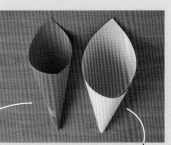

せまい 口だと
キャッチが
むずかしく なるよ。

広いと キャッチ
しやすいよ。

わざと
むずかしく して
ちょうせん
してみる？

ステップ 2

ビニールひもを
50センチメートル
くらいに 切る。

ステップ 3

まいて しっかり
むすぶよ。

すきな 細さに
さくよ。

まつぼっくりに
ビニールひもを
むすびつける。
むすびつけたら、
ビニールひもを さく。

ふしぎな ミノムシ

かかる時間
40分
くらい
かわかす
時間は
入りません

ぬらした まつぼっくりで 作った ミノムシ。
しばらく つるして おくと、
ふしぎな へんかが おこりますよ。

▶ はれの 日に おすすめ

りんぺんが
ひらいたぞ！

パッカーン！

かわくと……

じゅんび

まつぼっくりを 30分くらい
水に つけて おく。
りんぺんが とじたら、
水を よく ふきとる。

りんぺん

まつぼっくりは、
ぬれると
とじるんだね

ステップ
1

糸を 40センチメートル
くらいに 切る。

よういするもの

- まつぼっくり
- 水（みず）
- 糸（いと）
- はさみ
- じょうぎ
- 目玉（めだま）パーツ 2こ
- せっちゃくざい

パッカーン!

目（め）が
うごいたぞ!

せっちゃくざいで
目玉（めだま）パーツを つける。

ステップ 2

糸（いと）を
まつぼっくりに
ひっかけて、
はしを むすぶ。

糸（いと）の はしと はしを
まとめて むすんで、
ぶらさげられるように
するよ。

グルリと
ひっかけるよ。

あまった 糸（いと）は
切ってね。

ステップ 3

うごく いもむし

かかる時間
40分
くらい

かわかす 時間は
入りません

ヒマラヤスギ（→22ページ）の まつぼっくりは、りんぺん（→19ページ）を バラバラに すると、
1まい 1まいが おもしろい 形を して います。1まいずつ りんぺんを はがして、いもむしを
作りましょう。ぬれて いる ときと かわいた ときでは、形が かわるので びっくりしますよ。

1〜2日 かわかすと……

少しずつ
形が かわって
いくよ

りんぺん →

外がわから はがすよ。

ヒマラヤスギの
まつぼっくり
水
水を 入れる
入れもの
ティッシュペーパー
など
せっちゃくざい
目玉パーツ 2こ

ステップ 1

りんぺんを 1まいずつ
はがし、水に つける。

水に 30分くらい つけたら、
ティッシュペーパーなどで
よく ふいて おこう。

ステップ 2

りんぺんを
1まいずつ 1れつに
つなげるように、
せっちゃくざいで はる。

5〜6まい つなげよう。

ステップ 3

せっちゃくざいで、
目玉パーツを つける。

できた!

かわくまで おいて
おくよ。

ヒマラヤスギ

▶22ページも 見てね

うわって いる ところ
林、公園、校庭

まつぼっくりが ひろえる じき
12〜1月

せかい一 高い ヒマラヤ山脈と いう、
山が ならんだ 場所で 生まれた、
マツの なかまです。日本では、公園や
庭園に よく うえられていて、10〜20
メートルくらいの ものが 多いです。
大きな まつぼっくりの 先が
バラのような 形を して います。

29

つりぼっくりん

かかる時間 **10**分 くらい

まつぼっくりに モールで 手足や 顔を つけて あそびましょう。
えだで つりあげて トイレットペーパーの しんの いすに すわらせましょう。

ステップ 1

まつぼっくりに
モールを まきつけて
手と 足を 作る。

まつぼっくりの
上と 下に つけるよ。

えだを 頭に
そーっと
ひっかけて……

ステップ 2

モールで 頭を 作る。
わっかを 作って、はしを まつぼっくりの
てっぺんに まきつける。
これを いくつか 作ろう。

← わっか

ねじって とめよう。
長ければ
切ってね。

ステップ 3

つりぼっくりんと
トイレットペーパーの
しんを、じゆうに
ならべる。

ようい するもの

まつぼっくり
モール（つりぼっく
りん 1 こに）3本
えだ
トイレットペーパー
の しん

うまく
すわれたよ！

**もっと
楽しく♪**

手作りの つりざおで、
つりぼっくりんを
つりあげよう！

つりざおは、ストローの 先に
セロハンテープで モールを
はって、作ります。

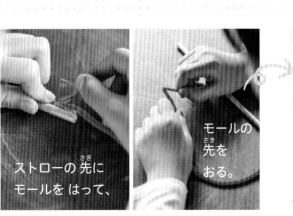

ストローの 先に
モールを はって、

モールの
先を
おる。

できあがり

どんぐり & まつぼっくりの
どうぶつえん

かかる時間
30分
くらい

かわかす
時間は
入りません

どんぐりと まつぼっくりから、どんな 生きものが できるでしょう？
じゆうに 組みあわせて おもしろい 生きものを 考えて みましょう。

どんぐりの
かくと（→ 19ページ）で
ヘビを 作ったよ！

ぼくも
作って みて
ほしいな！

ステップ **1**

よういするもの

どんぐりや
まつぼっくり
せっちゃくざい
ふとうめいペンや
ゆせいペン

/ **どれを
つかおうかな?** \

どんな 生きものを
作るか、ざいりょうを
組みあわせて 考える。

ステップ **2**

せっちゃくざいで くっつけて いく。
かわくまでは、うごかさないように しよう。

ステップ **3** 目や 顔を かく。

**グルーガンを つかっても
いいね**

すぐに かわいて くっつく、グルー
ガンと いう どうぐを つかっても
いいですね。13 ページで しょう
かいして います。

まつぼっくりの カチカチボール

かかる時間
3分
くらい

ようい するもの
● まつぼっくり 2こ
● モール 2本

まつぼっくりが ぶつかって カチカチ なる
音が 楽しい あそびです。モールの 先を
もって、上下に うごかして あそびましょう。

ステップ 1
モールの りょうはしを、
まつぼっくりに まきつける。
とれないように しっかり まきつけよう。

カチ

カチ

まつぼっくりが
ぶつかって、
カチカチ なるよ

もち手を もって
上下に ゆらして
みよう!

ステップ 2

ここが
もち手に なるよ

モールの まんなかを
おりまげて、
おり目に もう 1本の
モールを ひっかける。

ステップ 3

できた!

もち手の モールを ねじって
1本に まとめる。

34

まつぼっくりを ぶんかいして みよう

まつぼっくりの りんぺん
（→19ページ）を、バラバラに
ぶんかいして みました。
1つの まつぼっくりの 中に、
りんぺんが いくつ あるか、
数えて みましょう。

いろいろな
大きさの
りんぺんが
組みあわさって
いるんだね！

アカマツ

いろいろな りんぺんの 形

まつぼっくりや その なかま（→22〜23ページ）の
りんぺんです。いろいろな 形が ありますね。

カラマツ

ツガ

ヒマラヤスギ

ヒノキ

メタセコイア

おすすめの しぜんあそびを つたえよう

しぜんの ものを つかって、どんな あそびが できましたか？
お気に入りの あそびを、「しぜんあそび おすすめカード」に
まとめて、みんなで 見せあいましょう。

「しぜんあそび おすすめカード」には こんな ことを かこう！

何て いう
あそびなの？

どうして
おすすめ
なの？

きみの おすすめの
あそびを おしえてね！

何を
つかうの？

あそんだ
ところを
見たいなぁ！

どうやって
あそぶの？

カードに
まとめてみよう！

ほかにも こんな ことを おしえて！

- むずかしかった ところ
- じょうずに あそぶ コツ
- さわった かんじや 聞こえる 音など、気づいた こと

「しぜんあそび おすすめカード」の かきかた

「しぜんあそび おすすめカード」と「ひとことカード」は、この本の さいごに あります。
先生や おうちの人に コピーして もらって つかいましょう。

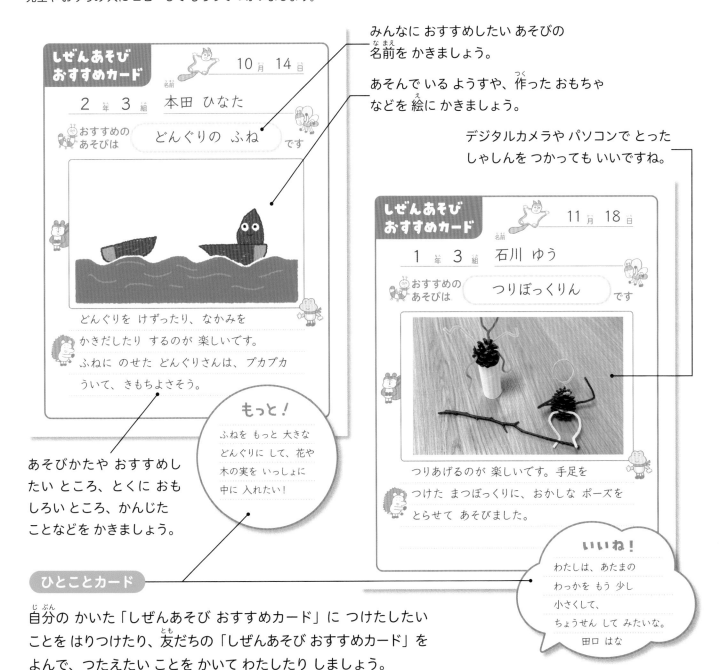

みんなに おすすめしたい あそびの
名前を かきましょう。

あそんで いる ようすや、作った おもちゃ
などを 絵に かきましょう。

デジタルカメラや パソコンで とった
しゃしんを つかっても いいですね。

しぜんあそび おすすめカード
名前　10 月 14 日
2 年 3 組　本田 ひなた
おすすめの あそびは　どんぐりの ふね　です

どんぐりを けずったり、なかみを
かきだしたり するのが 楽しいです。
ふねに のせた どんぐりさんは、プカプカ
ういて、きもちよさそう。

もっと！
ふねを もっと 大きな
どんぐりに して、花や
木の実を いっしょに
中に 入れたい！

あそびかたや おすすめし
たい ところ、とくに おも
しろい ところ、かんじた
ことなどを かきましょう。

しぜんあそび おすすめカード
名前　11 月 18 日
1 年 3 組　石川 ゆう
おすすめの あそびは　つりぼっくりん　です

つりあげるのが 楽しいです。手足を
つけた まつぼっくりに、おかしな ポーズを
とらせて あそびました。

いいね！
わたしは、あたまの
わっかを もう 少し
小さくして、
ちょうせん して みたいな。
田口 はな

ひとことカード

自分の かいた「しぜんあそび おすすめカード」に つけたしたい
ことを はりつけたり、友だちの「しぜんあそび おすすめカード」を
よんで、つたえたい ことを かいて わたしたり しましょう。

もっと！…もっと 楽しい あそびに するための アイデアや、
　　　　　ふしぎに 思った ことなど。

いいね！…友だちの「しぜんあそび おすすめカード」を よんだ
　　　　　かんそうや、しつもんなど。

そざいと あそびの さくいん

このシリーズで しょうかいした あそびと、それに つかった そざいを、あいうえおじゅんに ならべて います。

監修　露木和男（つゆき　かずお）

福岡県生まれ。筑波大学附属小学校教諭を経て、2009～2020年の11年間、早稲田大学教育・総合科学学術院教授。現在は「早稲田こどもフィールドサイエンス教室」指導統括をしている。主著に『小学校理科 授業の思想―授業者としての生き方を求めて』（不昧堂出版）、『「やさしさ」の教育―センス・オブ・ワンダーを子どもたちに―』（東洋館出版社）などがある。

植物監修	渡辺 均（千葉大学環境健康フィールド科学センター教授）
あそびプラン考案	露木和男、渡辺リカ（アトリエ自遊楽校）

写真	キッチンミノル
モデル	有限会社クレヨン （遠藤優月、渋谷いる太、鈴木琉生、本多すみれ、松本季子、丸﨑琴、渡辺和歩）

デザイン	鷹觜麻衣子
キャラクターイラスト	ヒダカマコト
イラスト	藤本たみこ、ゼリービーンズ
DTP	有限会社ゼスト
校正	夢の本棚社
編集	株式会社スリーシーズン（奈田和子、藤木菜生）

撮影・写真協力	葛飾区観光フィルムコミッション、水元公園、みらい館大明、 ピクスタ、フォトライブラリー

3つのステップですぐできる！　草花あそび・しぜんあそび 3
どんぐりやまつぼっくりであそぼう

発行	2023年4月　第1刷

監修	露木和男
写真	キッチンミノル
発行者	千葉 均
編集	片岡陽子、湧川依央理
発行所	株式会社ポプラ社
	〒102-8519　東京都千代田区麹町4-2-6
	ホームページ　www.poplar.co.jp（ポプラ社）
	kodomottolab.poplar.co.jp（こどもっとラボ）
印刷・製本	図書印刷株式会社

あそびをもっと、
まなびをもっと。
こどもっとラボ

3つのステップですぐできる！
草花あそび・しぜんあそび
全7巻

監修●露木和男　写真●キッチンミノル

小学校低〜中学年向き

N.D.C.786　AB判　オールカラー

図書館用特別堅牢製本図書

ポプラ社はチャイルドラインを応援しています

18さいまでの子どもがかけるでんわ
チャイルドライン®
0120-99-7777
毎日午後4時〜午後9時 ※12/29〜1/3はおやすみ

 電話代はかかりません 携帯(スマホ)OK

18さいまでの子どもがかける子ども専用電話です。
困っているとき、悩んでいるとき、うれしいとき、
なんとなく誰かと話したいとき、かけてみてください。
お説教はしません。ちょっと言いにくいことでも
名前は言わなくてもいいので、安心して話してください。
あなたの気持ちを大切に、どんなことでもいっしょに考えます。

チャット相談は
こちらから

しぜんあそび おすすめカードと ひとことカード

右の しぜんあそび おすすめカードと 下の ひとことカードは、コピーして つかいます。

A4 サイズの紙に原寸でコピーしてください。モノクロでもコピーできます。

つかいかたは
36〜37ページを
見てね

ひとことカード

太い 線で 切りとって つかいましょう。

もっと！

いいね！

じゅうに
つかってね

ポプラ社のホームページから、しぜんあそび おすすめカードとひとことカードの PDF データをダウンロードすることもできます。 3つのステップですぐできる！草花あそび・しぜんあそび で検索、もしくは以下の URL から、このシリーズの書誌ページをご確認ください。

www.poplar.co.jp/book/search/result/archive/7235.00.html